CUARENTENA ATENUADA

ExLibric

JORGE A. FREIRE

CUARENTENA ATENUADA

EXLIBRIC

ANTEQUERA 2020

JORGE A. FREIRE

CUARENTENA ATENUADA

*Este poemario está dedicado a mi madre, que es mi faro,
mi guía, mi agonía, mi flor cortada, mi neumonía, el fruto de mi
huerto, la mujer de mi vida, mi alegría.*

*También en menor medida, por razones obvias, a Diana,
que me hizo ejercer de Sherezade crepuscular, que me dejaba vivir
un día más, que atenuó mi cuarentena, que motivó de manera invo-
luntaria este trabajo, a la que aún no conozco, a la que espero conocer,
a la que tal vez no conozca nunca.*

*Y a B.P.L, que me hizo explorar partes de mi mente que des-
conocía, que se marchó como llegó, que me condenó a galeras y sus
razones tendría, y me puso a los pies de mis caballos.*

CANCERBERO ENAMORADO

Cancerbero enamorado,
guardián de sus infiernos,
con dolor de cabezas,
sin tres pares de monedas
con que pagar al barquero,
se ofrece por horas como mascota por amaestrar,
a viajeros por educar,
a hijos por nacer,
a muertos desorientados,
para control de virus y pandemias,
para reflotar economías estigias,
para ondear banderas blancas
y silbar himnos vacíos.
Cancerbero con tortícolis se ofrece
para lamer manos limpias,
ajenas a asuntos sucios,
para circular cuadros y
cuadrar círculos,
como profesor a domicilio
de lenguajes olvidados,
para mentes livianas
y corazones rotos.
Cancerbero recostado sin regazo definido
se ofrece para consolar consoladores
y destruir ruinas que levantar de cero,
para interpretar besos y posos,

para mirarte de frente y olvidar las espaldas,
para darte ese amor que otros le negaron,
para vigilar tu sueño de los falsos guardianes
y caminar a tu lado en los días grises.
Cancerbero enamorado que ladra a tres voces a la luna
y que gruñe a las sombras que se muestran,
espera tumbado tu regreso,
para indicarte el camino,
para caminar contigo
hacia el destino elegido.

ESE SEÑOR QUE VIVE CONMIGO

Ese señor que vive conmigo
me observa mientras duermo
y llega siempre al baño antes que yo.
Me mira desde el otro lado del espejo
y me asegura que él no es el reflejo.
Algunas veces le creo,
otras me doy la vuelta
y sé que me hace burla.
Lleva mis rasgos,
pero no me reconozco;
finge ser yo, pero no lo es;
finjo ser él, pero no lo soy.
La última letra de su nombre
es la primera del mío.
Ese señor que vive conmigo
no acepta cheques,
ni armisticios;
no busca acuerdos,
ni alianzas;
no cumple plazos,
ni paga hipotecas.
Sólo mira y espera.

LA CASA BOCA ABAJO

Tengo una casa de suelos altos
y espacios llenos de ansiedades.
El techo que piso es de cerámica,
fresco en verano y frío en invierno,
y se queja cuando ando.
Las ventanas se abren hacia afuera
y los armarios hacia dentro;
los barrotes son de atrezo
y las lámparas me hablan de lugares lejanos
que nunca podré visitar.
Los ruidos de la noche me dicen secretos al oído
en código morse,
que anoto mentalmente en las arrugas de la almohada,
y no consigo descifrar cuando despierto.
Por eso, duermo con los ojos abiertos
y me siento cómodo en el sopor de la vigilia,
aunque me cueste distinguirlos.
Por eso, miro al suelo antes de dormir
y al techo al levantarme,
para poder acompasarme a su latido.

LOS DOMINGOS

Los domingos son un cabo suelto,
un día desconcertado,
un paréntesis,
la vida entre comillas,
una antesala,
un desajuste.
Aguardan las tazas sus grumos,
los tostadores sus panes,
las cucharillas sus vueltas,
el café los posos,
las galletas sumergirse.
Tienen los domingos un halo de tristeza
del que carecen los sábados,
de fin de ciclo,
de compás forzado,
de muerte anunciada,
de crisantemo.
Los domingos ni se nada,
ni se guarda la ropa;
se busca en los trasteros,
se limpia el polvo,
se barren los rincones,
se censan arañas,
se cuecen habas.
Los domingos se va a misa,
se duermen las musas,

se despiertan los laureles,
se escriben los tordos,
las pulgas no saltan,
los gatos meditan.
Los domingos no se toman decisiones,
ni se asaltan horizontes,
ni se cuentan batallas,
ni se lustran las frentes.
Los domingos no se viven,
se soportan
se inventan,
se traspapelan,
se someten,
se tergiversan,
se trocan.
Los domingos toman el sol los lagartos
y las piedras son Bastillas que tomar
y los arándanos soles en las zarzas
y los pétalos lluvia de flores.
Los domingos sudan las paredes,
se bifurcan caminos,
se retoman sendas,
se tronchan ramas,
se amontona la broza,
se crispan las melenas,
se resuelven crucigramas.
Los domingos no se hacen planes,
ni se atisban caracolas,
ni se da cuerda a los relojes

ni se besan mariposas,
ni se ajustan cuentas,
ni se entienden los mapas.
Los domingos son un cabo suelto,
un día desconcertado,
un paréntesis…

MIEDO

El miedo dejó de ser circunstancia
y se convirtió en constante.
Habitaba en los bolsillos,
en las patillas de las gafas,
en los arcos de las frentes,
en senderos y anaqueles,
en los estantes.
Adquirió protagonismo,
se granjeó enemigos,
ocupaba las portadas,
tertuliaba en las ondas,
se aplaudía a sí mismo cada tarde,
y fundó su Gran Hermano,
con los mismos perros,
con distintas mascarillas,
con precaución de guante roto,
las manos bebiendo alcohol,
las bocas secas.
El miedo castigaba los afectos,
vaciaba las calles,
encerraba por dentro,
acorralaba por fuera,
miraba raro,
imponía vigilancias,
admitía corolarios,
concedía visados,

aplazaba deudas,
extendía recetas,
decomisaba pedidos,
enfrentaba niños adultos,
en patios lujosos de colegio,
con delegados,
testigos,
portavoces,
señorías;
sus actas intactas,
sus bolsillos sin agujeros,
sus caras sin vergüenza,
sus carteras sin mácula.
El miedo se escribía con mayúsculas,
con puntos suspensivos,
con tinta fuerte,
fuente grande,
doble espacio,
y conquistó casillas,
supermercados,
comedores,
antesalas,
bancos.
Se hicieron colas lentas en las calles,
en los pasillos,
como en un rito,
el ritmo lento,
la mirada perdida,
las bolsas colgando de los ganchos de los brazos,

los carros levitando;
los suelos se llenaron de la viruela de las marcas,
el dinero se ofuscó,
las tarjetas echaron humo
y los extintores lloraron su desamor,
sin manos desprovistas que quisieran tocarles
y aliviarles su presión.
El miedo engordó
por exceso de pábulo;
se lo creyó,
se pavoneó,
abusó y lo grabó con el móvil,
lo difundió,
y cuando se marchó, no lo hizo para siempre;
se quedó cerca, caminando de puntillas.

BRAILLE

A veces envidio a los ciegos,
porque ven de otra manera,
porque escriben con bastones
y dibujan en el aire,
que se agarran del trineo de sus perros,
que venden su falta de suerte por las esquinas,
para que tú tengas la tuya;
que no resoplan,
que no corren,
que se deslizan por caminos invisibles.
A veces quisiera ser ciego por un rato,
para no ver lo de siempre,
para hacerme a la idea de otros mundos,
para exiliarme a otro planeta
de ambiente más respirable,
de aires menos densos,
de pocos habitantes.
A veces me siento ciego, porque leo los carteles
y no los entiendo;
porque miro sin ver
y tropiezo con las aldabas de las puertas,
y me cuelgo de los telefonillos
que dan acceso a los alcorques,
y todo me parece negro hasta que cierro los ojos
y puedo leer un te quiero con las yemas de los dedos,
un número en un panel,
un chiste en el suelo.

A veces admiro a los ciegos que discuten con bordillos,
que pactan con escalones,
que conquistan parachoques,
que encandilan cascabeles,
que construyen castillos en sus aires,
que orientan mariposas
y amplían susurros.
Admiro a los ciegos, porque escuchan tu silencio
y encapsulan el suyo,
porque leen libros abiertos,
no cuentan sus pasos,
ni censuran los ajenos.

CUARENTENA ATENUADA

Se vaciaron las calles al compás de mil latidos,
se cerraron los bares sin revanchas ni motines,
se cancelaron las fiestas,
se pospuso la alegría y los cines lloraron su silencio,
se amontonaron las sillas vacías en teatros y auditorios,
se sublevaron las mesas sin pasión y con cadenas,
se llenaron hospitales, se normalizó la pena,
se vendieron lágrimas sin sal,
cotizó al alza la celulosa,
nos tapamos la cara con rigor y sin tapujos,
pero estabas tú escuchando al otro lado.
Aplaudimos puntuales,
se vivía con permiso,
se moría en soledad,
enterramos sin duelo,
no alcanzaba para todos,
se clausuraron los parques,
se suicidaron los árboles,
se estudiaba en las casas,
una ventana era un viaje,
una pared un sepelio,
una palabra un libro,
un libro un compañero,
se consumaron las esperas,
se paseaba a los perros,
se aburrían los niños,

se encerraba a los viejos,
se peleaban las pulgas,
se purgaban los miedos,
pero estabas tú leyendo en mis paredes.
Se aplazaban los plazos,
se cansaban las rutinas,
se apagaban los besos,
se encendían las radios,
se acababan las pilas,
se compraba con tarjeta,
se tosía con miedo,
se hizo fuerte la sospecha,
se escuchaban las sirenas,
cantando a las calles tristes,
huérfanas de marineros de ciudad,
y los monumentos no sabían de fiestas,
y el cielo respiraba,
y cada día era un viejo día que olvidaba el anterior,
y así era la vida con su muerte,
así era la muerte sin su vida,
pero estabas tú que empañabas el cristal.
Se lucraban las hienas,
se vaciaban las arcas,
se llenaban los bolsillos,
se subían los precios,
se devolvían recibos,
se deprimían los psiquiatras
sin nadie que les escuchara,
se daban noticias falsas,

se hablaba a voces,
se lloraba en silencio,
se tensaban las cadenas,
se divorciaban los candados
que colgaban sin sus vallas,
la llave echada por dentro,
repletos los estantes clandestinos de la soledad,
se detenían corazones,
se apagaban los pulsos,
se abrazaban farolas,
se confundía el mar,
con su arena vacía,
pero estabas tú que no tenías nombre,
pero sabías el mío.
Se hicieron fuertes las fronteras,
con sus líneas de puntos suspendidos,
se llenaron pateras en su éxodo inverso,
se vaciaron paraísos,
se evadieron los fiscales,
salieron abogados de debajo de las piedras,
para defender tu dinero de los bancos de niebla,
se especularon emociones,
se restringieron accesos,
se lanzaban satélites con mensajes de amor,
para alienígenas tristes,
se multiplicó la policía,
se acabaron los peces,
se endurecieron los panes,
se abrieron los cotos que apagaban las pulsiones,

y violaron cerraduras en manada consentida,
pero estabas tú gestionando la cordura.
Se cotizaron las series,
se pospusieron estrenos,
engordaron los atletas,
se cansaron los actores de escenarios vacíos,
crecía la hierba sin Atilas homicidas,
encontraron su sentido las mamparas,
y vencieron los complejos sus miserias,
pero estabas tú abogando por la risa.

ENTRE BAMBALINAS

Entre bambalinas acecha la cordura,
destronada por decreto;
ahí aguarda la miel en los labios,
la casa por el tejado,
el brocal sin pozo.
Ahí espera el folio en blanco,
el amor aplazado,
el beso esbozado,
el abrazo pospuesto.
Entre bambalinas aguardan los actores sin texto,
las llaves huérfanas, la mirilla ciega.
Entre bambalinas el telón sufre de vértigo,
el proscenio en un abismo que cruzar,
las butacas son una Atlántida sumergida
y el público una ciudad sin nombre.
Entre bambalinas deshojan su margarita
los pasos de cebra,
y los bordillos sufren desamor,
se consuman tentativas,
se afianzan mitades,
se demedian dobleces,
el pasado se recrea,
el presente se confunde,
el futuro se adormece.

CAZA FURTIVA

Cuelgan de sus ganchos
los excedentes de la caza furtiva,
de la munición malgastada,
de los caracteres débiles
de las piezas cinegéticas
que odian los festivos.
Se amontonan en sus cámaras
los cuerpos alineados
de las malas gestiones,
como un ejército silente
de ojos muertos de madera,
de espinas de pez,
de osario abrillantado,
de salto sin red.
Vomitan bilis las sierpes,
beben cicuta los bufones,
se cagan los matones,
se crecen los cobardes.
Se dispara a matar,
se apuntan tantos,
se doblan marcadores,
se hacen apuestas,
se pierden cosas,
se doblegan voluntades,
envejecen paraísos,
se nace muerto,

se reanima al mejor postor,
se forran los reventas,
se parten los juncos.
Escopeta en ristre se juega a diezmar,
a contar hacia atrás,
a componer cuadros muertos
de naturalezas vivas
y a plasmar en los haberes
las cuitas de los debes.
Se vacían cargadores,
se rinde pleitesía al plomo;
las nieblas son de pólvora,
las salvas son de niebla
y entre tanta bruma
brilla un sol,
que no sabe que está muerto.

LA DESMEMORIA

La desmemoria habita en los pliegues de la ropa,
esperando su momento,
y persigue quimeras por sendas no marcadas,
y se desconcierta con la brisa,
y pacta por despecho.
La desmemoria se deja seducir por cantos de sirenas
y vende tridentes de saldo,
y entrona príncipes cansados,
y busca rincones oscuros con cunas vacías,
y vende humo a precio de oro,
y se escapa por los quicios de la mente.
La desmemoria no sabe de nombres, porque los olvida,
y convierte los recuerdos en agua derramada,
y los desagües en libros de texto,
y decolora arco iris,
y funde a negro.
La desmemoria no sabe de credos,
ni de leyes,
ni se lava los dientes,
no confunde churras con merinas,
ni risas con llantos;
lo disimula,
pero sabe lo que hace
y nunca se arrepiente.
La desmemoria no cumple plazos,
ni concede treguas,

ni mira almanaques,
ni llena despensas.
Solo hace su camino
y borra sus huellas.

A LAS OCHO EN PUNTO

Tiene esta nueva vida un plazo diario,
un acuerdo tácito,
una cita,
un homenaje,
un cambalache.
A unos les molesta,
a otros les motiva,
a otros les da igual.
Unos salen a aplaudir,
otros a mirar,
otros a joder.
Se conectan altavoces,
se eligen las canciones,
se bailan los afectos,
se insultan las distancias.
Hay días que suena fuerte,
otros cansado;
se intuye el desánimo,
la pandemia de la rutina.
Otras jornadas nadie empieza
hasta que alguien lo inicia,
y se miran extrañados de su propio ruido,
y el aplauso se extingue cada día antes,
y un día nadie sabrá por qué empezó,
y seguiremos siendo los de siempre,
queriendo tanto,

teniendo tan poco,
tan míseros de revoluciones,
como ricos de intenciones,
tan genuinos en nuestra incoherencia,
como necios de valores.
Y tal día hará un año
y meteremos en un cajón nuestras lecciones,
recordaremos a Santa Bárbara con los truenos,
veremos culpabilidad en los empedrados
y tropezaremos con las mismas piedras
y no seremos ni mejores,
ni peores;
solo estaremos más cansados,
más viejo el que pueda,
tan humanos,
tan idiotas,
tan serenos,
tan seguros,
tan veletas.
Y nos miraremos las manos sin memoria
y entonaremos himnos muertos
con voces cansadas,
huérfanos de recuerdos,
esperando otra señal,
otro arranque,
otra ofrenda,
sin perro a quien ladrarle,
sin luna que mirar bajo su falda,
sin mareas que barrer bajo la alfombra,

sin mesas camillas,
con braseros apagados,
con las lindes contenidas,
con los brazos en jarras
desafiando al cielo,
sin humanos paseantes,
fuerte la sospecha,
famélica el alma,
ausente la empatía,
tan de todos,
tan de nadie,
tan nuestros,
tan orgullosos,
tan sin remedio.

DESDE MI VENTANA

Desde mi ventana
veo pasar una vida
que no es mía,
que no me pertenece,
que viste ropas conocidas,
que me quedan grandes,
que se indignan con su saldo
y se venden con su oferta.
Desde mi ventana
veo las huellas de tus pasos,
que son los míos un instante antes,
que borra la nieve que sigue tu sombra,
que arroja dividendos de cero a la izquierda,
que buscan refugio en otras partes.
Desde mi ventana
veo la lluvia en el cristal,
que dibuja sortilegios,
que sangra sin cortes,
que agoniza en el cajón de la memoria.
Desde mi ventana
te llamo sin voz,
me saludas sin manos,
me gritas tus condiciones,
me pliego a tus demandas.
Desde mi ventana
veo pasar una vida que es la tuya,

que no entiendo,
que no importa,
que me vale,
que deseo,
que te pido,
que me niegas,
que es lo mismo,
que me cansa.
Desde mi ventana
tú eres yo y yo soy tú,
y la niebla nos confunde,
y la noche nos ofende,
y se tocan las farolas,
y se crecen los setos.
Desde mi ventana
se apagan fuegos ya extinguidos,
se citan las parejas
y se besan las ausencias.

ARTE

El arte es un salón vacío,
un patio de colegio,
un alma llena,
un beso tierno,
una risa esbozada,
el quicio de una puerta,
la grieta agigantada.
El arte es un huevo incubado,
el hueco de una ausencia,
la crisis resuelta,
el ocio aburrido,
el odio entretenido.
El arte es una cama vacía,
un bombón relleno,
lo que ignoran los necios
lo que anhelan los estantes,
lo que quieren las paredes,
lo que velan los entierros,
lo que prende las pulsiones.
El arte es un aquí y un allá,
un antes y un después,
un lo que fue y lo que vendrá,
un por ahora.
El arte es el rictus congelado,
el momento atrapado,
el botón apretado,

un sinvivir,
un sin dios,
un sinsentido.
El arte es tu cara imaginada,
el ordenador apagado,
el cursor acelerado,
un dedo en alto,
un atraco a mano armada.
El arte es callar lo que se piensa,
pensar lo que se calla,
pausar la prisa,
adorar la pausa,
sentir lo que se ama,
amar lo que se siente,
un baile solo,
un devaneo,
un albedrío.

BIG BANG

Las ballenas se enamoran de los barcos,
los barcos de las sirenas,
las sirenas de los faros,
los faros de su sombra,
las sombras de sus grises,
los grises de los blancos que les niegan su existencia.
Los pájaros abrazan las nubes que les verán caer,
las nubes lloran aguas que inundan arrozales,
los cultivos buscan la luz que les acaba matando
y se yerguen hacia arriba pidiendo explicaciones.
Los pecios son ciudades sumergidas,
reinventadas por naufragio;
los naufragios son los fracasos del alma,
el alma un mercadillo.
Los plásticos se agrupan siguiendo las corrientes,
las corrientes discuten su autoría;
no hay juez que las defienda,
ni castigo equiparable.
Los vertederos claman al cielo,
el cielo los observa con sus ojos diminutos,
cegado por el sol que le contempla,
compartiendo espacio por un día.
Los villanos lloran de alegría,
los héroes se acobardan,
los simples resuelven algoritmos
con las oes de los canutos.

Se pierden las fes,
se ganan adeptos,
se pierden partidos sin llegarlos a jugar,
se juegan cartas marcadas.
Los líderes mueren solos,
la plebe amontonada.
Los vagabundos decoran sus casas
con la basura de otros;
los otros viven en sus hogares diáfanos
con ventanas por abrir.
Los libros se escuchan,
las pantallas se leen,
las radios se ven.
Ya no quedan cuevas por pintar,
ni atajos que tomar,
solo universos descentrados,
huérfanos de materia oscura que llevarse a la boca,
y el tiempo es una rendija que se traga la luz,
la luz una quimera
y todo aguarda el momento
de volver a empezar.

HECHIZO

Si me pides que le ponga un nombre a lo que siento,
no lo voy a hacer, porque no me corresponde,
no quiero hacer leña de árboles erguidos,
ni soporto vaticinios huecos,
aunque me tientan con sus luces brillantes,
con sus cánticos vacíos,
con sus blancos nucleares,
con sus besos de labios menores.
Si me pides que ilumine tus oscuros,
ilumina primero los míos,
y después ya negociamos
los acuerdos de nuestra rendición.
Si me quieres de otra forma,
busca en otros arcones lo que no hay en el mío,
y después, si nos alcanza, ya nos haremos amigos.
Si me pides matrimonio,
no me compres un anillo;
dímelo con abrazos,
recítame al oído,
abraza mis sueños.
Si tú quieres un hechizo, yo no soy tu hombre,
como mucho un aliado.

LA FRIALDAD

No soporto la frialdad ni sus derivados,
ni sus múltiples variantes,
ni sus partes sumergidas,
ni sus aceptables porcentajes,
ni sus correlatos.
La frialdad tiene la culpa de las crecidas,
de las inundaciones,
de los terremotos,
de las pandemias,
de los secuestros,
de los despidos,
de las sequías.
La frialdad tiene los tentáculos muy largos
y las ventosas fuertes;
es anfibia,
se adapta siempre,
contiene trazas de maldad enquistada,
no le gusta la solidaridad,
ni la empatía,
ni sus alternativas.
La frialdad te tienta,
te levanta las faldas,
mira bajo tu ropa,
te dice qué ponerte,
te engaña con el tiempo,
te esconde los paraguas,

te cuida a los niños,
los adoctrina.
La frialdad se descojona de los demás,
pero a ti te respeta a su manera,
porque le das de comer,
le pagas las facturas,
la entretienes,
la arropas por las noches,
velas su sueño,
se cree tu dueño
y razón no le falta.
La frialdad tiene las llaves del reino;
se sabe tus horarios,
tus rutinas;
conoce a tus amantes,
les tira los trastos;
sabe conquistar,
reproducirse;
se lava las manos,
huye si se cansa,
nunca está sola.
La frialdad tiene muchas caras,
pero un solo nombre,
conoce el tuyo,
te tutea,
te susurra al oído,
te inocula su veneno,
te proporciona el antídoto,
te lo da si engorda,

lo esconde si no la besas como quiere,
y cuando llega la mañana,
te da los buenos días,
te prepara la tartera,
te ve marchar,
espera a que vuelvas.

EL CRISTAL CON QUE ME MIRAS

El cristal con que me miras
no es tuyo, ni es mío,
ni es de nadie.
El cristal con que me miras es un filtro,
un tamiz,
un accidente.
El cristal que nos separa
es una página impar,
una estrella lejana,
un continente.
El cristal con que me miras
es tan grueso como quieras,
es un barco a la deriva
y nunca miente.
Lo que ves al otro lado
es un paisaje,
una quimera,
un babor a la derecha,
una popa hacia delante.
El cristal con que me miras
es pausa y es prisa,
es pasión y desamparo
un claroscuro,
un cometa silente.
El cristal con que me miras
es una lupa, es un alud,

un espejo y su reflejo,
un afluente.
El cristal que nos separa
es un tal vez,
es un quizás,
un de repente.

DESAGRADECIDOS

Gente que vigila su espalda
y descuida agendas ajenas,
de risa bronca y daga fácil,
que habla alto y escucha poco,
que besa los pies de los que oprimen
y escupe al cielo de todos.
Gente que se apropia de un dios,
de un credo,
de un trapo pintado,
de notas discordantes,
que convierte patios en trincheras
y aguas en lodos.
Gente que se da la paz
y desea la guerra,
que inventa enemigos,
que levanta muros,
que troca aplausos por ruidos.
Gente que se nutre de carroña,
que desprecia acuerdos,
que fomenta fobias,
que destierra filias.
Gente de gatillo flojo,
de lengua larga,
de malas babas,
de mirada turbia,
de intenciones torvas.

Gente que acaricia teclados
y aprieta cuellos,
que besa anillos
y roba prendas,
que tensa cuerdas
y rompe puentes.
Gente que sonríe cuando lloras,
que llora si sonríes,
que te enseña los dientes.

PRIMAVERA ARREPENTIDA

Los pájaros regresaron a nidos ajenos,
las marquesinas se pusieron en huelga,
hubo un intento de fuga de nubes,
los códigos binarios se divorciaron,
las flores fructificaron sin ganas,
y los frutos se arrojaron al vacío.
Los adoquines entonaron un réquiem,
los plásticos se amotinaron,
los zapatos escaparon de sus hormas,
las gafas desterraron sus cristales,
los pozos se llenaron de lágrimas filtradas
y la tierra declamó su falta de dueño.
Las cuevas fueron palacios,
la risa clementinas,
el dolor un viajero a nuestro lado,
lo negro una constante,
el miedo una variable,
lo verde una esperanza
y marzo se cayó del calendario.
El cielo fue un cuadro por pintar,
los pinceles perdieron pelo,
los colores enfermaron,
las brújulas apuntaron al sur,
los ombligos claudicaron,
los pianos se persiguieron la cola
y los gatos se olvidaron de dormir.

El invierno conservó su abrigo
y pactó su agonía
con una primavera arrepentida.

TENGO

Tengo un unicornio de apéndice duplicado,
con crisis de identidad.
Tengo un caballo desbocado
con síndrome de Estocolmo.
Tengo la risa confiscada por orden de la ley
y muy pocas ganas de cumplirla.
Tengo la frente arrugada de buscar eclipses,
de mirar por las rendijas,
de caer rendido a los pies de nadie,
de buscar en objetos perdidos
algo que tal vez lleve mi nombre.
Tengo ganas de correr sin moverme del sitio,
de colgarme de las ramas caídas por falta de viento,
de subir a los abismos y bajar a las cumbres,
de estudiar cometas sin cola,
de viajar en trenes de vías muertas,
de sobornar amuletos
y desestimar certidumbres.
Tengo ganas de matar virus a besos,
de romper informes
y salvar moscas tuertas de telarañas rotas.
Tengo ganas de salir sin miedo,
sin guantes, sin mascarillas.
Tengo ganas de vivir.

LA VIDA A MIS PIES

La vida a mis pies es una rutina,
una costumbre,
un cosquilleo.
La vida a mis pies es un zapato de cada color,
de un mismo pie,
de distintos números.
La vida a mis pies es una sinfonía,
un crescendo,
un interludio.
La vida a mis pies es caminar hacia atrás,
acariciar bombillas,
tender puentes.
La vida a mis pies es un grito mudo,
un silencio atronador,
un eco inextinguible.
La vida a mis pies es poder y no querer,
aprender sin saber,
castigarme con postre.
La vida a mis pies es un reto perezoso,
un ocio extenuado,
lenguaje de signos a tres manos.
La vida a mis pies es escuchar ruido al otro lado,
sentir una piel amiga,
hablar sin tino,
sin elevar el tono.

La vida a mis pies es una pausa,
una espera,
un piscolabis.

Me faltan

Me faltan piezas de un puzle
que busco bajo los muebles.
No encuentro ropa tendida
que discutió con las pinzas.
Me faltan botones a la izquierda,
ojales y ojeras
ratos y ritos,
retos y rotos,
besos y vasos.
Me falta la cordura si no estás,
y la busco en el cajón de tu mesilla,
y solo encuentro un pintalabios seco
que una vez probé de tu boca,
que me supo tan a poco
que escapaste por la puerta.
Me falta pasta de dientes,
pan del día,
arrumacos,
el sodio refinado de tu mirada,
que huyó de la salina que habitaba.
Me faltan paisajes,
me sobran habitaciones,
me miran los cuadros,
aburridos de sus marcos,
sabiendo que soy su amigo.

Me falta el jugo y la sangre,
me habla el gotelé de las paredes,
me siento entre las piernas de una brisa
que se olvidó de mí.
Me falta un eco que no vuelve,
un boomerang arrepentido,
la vuelta de una esquina,
el giro de un cometa,
una carta de amor empezada,
en una papelera rota.
Me faltan columnas que sostengan la estructura,
cables en el puente,
contrafuertes de agotadas catedrales,
un buen cimiento,
espaldas fuertes.
Me faltan aves en el cielo,
las miradas que perdí en las mudanzas,
los besos que no me dieron,
el rumor de los jaleos,
paseos y andanzas,
las pisadas en mi suelo.
Me falta el llanto de un contrabajo,
la risa de un violín,
el nervio de un clavicordio,
las curvas de una guitarra,
la vista cansada,
el diario arrugado.
Me falta un salón por decorar,
un cambio de sábanas,

un legado que mostrar,
una lluvia de ranas,
un timbre sordo.
Me faltan días,
claves,
mensajes,
lecturas,
rondas.
Me falta una muesca en mi revólver,
las balas de fogueo,
una aurora,
un Quijote,
un desatino.

RARA VEZ

Rara vez se rizan los rizos,
se ponen de acuerdo los planetas,
se columpian las gárgolas,
se besan los grillos.
Rara vez se siente el dolor ajeno como propio,
se abrazan los calamares,
se cuentan secretos las medusas.
Rara vez el cielo cae sobre nosotros,
se cierran abismos,
se deprimen las flores.
Rara vez se unen fuerzas,
se destensan las cuerdas,
se crispan los tendones.
Rara vez la hiel es dulce,
la miel amarga,
el pan es duro.
Rara vez la risa es floja,
la tristeza amable,
el amor es verdadero.
Rara vez hay encuentros que valgan la pena,
historias interminables,
giros inesperados.
Rara vez el agua es clara,
la brisa es fresca,
el viento huracanado.
Rara vez se estrellan las libélulas,

se suspenden primaveras,
se conceden indultos.
Rara vez se peinan las sierpes,
se niegan los tornos,
se cierran los círculos.
Rara vez se hacen trueques,
se bajan los humos,
se aburren los juguetes.
Rara vez se grita al cielo,
se ciegan desagües,
se besa el suelo.
Rara vez el bueno es malo,
el malo es bueno,
el tonto es listo.
Rara vez lloran los cíclopes,
se cuentan minotauros,
se cancelan laberintos.
Rara vez gritan las musas,
callan los necios,
hablan los sabios.
Rara vez mienten los locos,
las señales,
los niños,
los borrachos,
las cremalleras.
Rara vez los soles se apagan,
se ponen en huelga los párpados,
se pierden los cometas.

Rara vez se persiguen perspectivas,
se fugan los cuadros,
se rompen los marcos.
Rara vez sabes de alguien
que no sepa de nadie,
ni de sí mismo.
Rara vez.
Rara vez.
Rara vez.

Sirenas de agua dulce

Las sirenas de agua dulce no tienen frío,
aunque no tengan abrigo.
Sufren de diabetes y chupan algas de insulina.
Cantan todo el día para ahuyentar el hastío
y buscan marineros en meandros
y risas en los cantos de las piedras.
Las sirenas de agua dulce tienen miedo de la noche
y buscan quien les arrulle,
y sacan brillo a sus escamas,
y comen a dos manos,
y se limpian con la servilleta de su cola.
Las sirenas de agua dulce besan de verdad
y ríen con ganas,
y lloran con lágrimas prestadas de cocodrilo,
y confían en las sombras,
y beben atardeceres,
y se cuelgan del reflejo de la luna.
Las sirenas de agua dulce se parecen a las otras,
pero no se escriben,
porque la tinta se les borra con el agua,
y no tienen dioses,
ni tridentes,
ni estudios,
ni leyendas,
ni pleitos,
ni deudas,
ni causas pendientes.

Las sirenas de agua dulce
viven por la boca,
piensan por las branquias,
comen con los ojos,
miran de frente,
y cuando mueren,
no hay entierros,
ni duelos,
ni sepelios,
ni se tiran de los pelos;
solo dejan que les lleve la corriente.

SI YO FUERA UN VIRUS

Si yo fuera un virus, no me quedaría aquí,
invadiendo cuerpos,
diezmando poblaciones,
sembrando el caos,
sin distinguir vientos de tempestades.
Si yo fuera un virus, no querría ser un caballo,
si no es el de Troya,
no sería un Ulises sin talón,
ni una muralla de puertas abiertas,
ni flor cortada en un jarrón,
ni plaga sin plebe.
Si yo fuera un virus, no querría expectativas,
ni simulacros,
ni mutar para dejar de ser yo mismo,
ni tantos enemigos,
ni fortunas,
ni estadísticas,
ni patentes.
Si yo fuera un virus, preferiría no estar solo,
aplicarme en mi tarea,
abrir franquicias,
ser comprendido,
pasar a la historia,
un nombre bonito,
un hueco en el santoral,
una efeméride.

Si yo fuera un virus, me quedaría en casa,
que se está más calentito
y dejaría a los humanos afuera,
con sus cuitas,
con sus vainas,
con sus cosas que no vienen al caso.
Si yo fuera un virus, dejaría a mi perro suelto,
le enseñaría a cruzar la calle sin peligro,
a hacerse amigo de las sombras,
a ladrarle a otras lunas;
llevaría a mis hijos a lugares concertados,
guardaría las distancias,
usaría mascarilla,
me protegería de mí mismo.
Si yo fuera un virus, no vería tanto la tele,
tomaría pastillas para vivir,
dormiría a pierna suelta,
acostado en tus arterias,
viéndote de otra manera,
de la que tú prefieras,
si tú me vieras igual.
Si yo fuera un virus, llegaría puntual,
pediría disculpas,
sería organizado,
no besaría el suelo que pisas,
te dejaría tu espacio,
no tendría prisa.
Si yo fuera un virus, me perseguirían,
cambiarían mis hábitos,

visitaría estancos,
probaría elixires,
contemplaría amaneceres,
lloraría de risa,
reiría de pena,
buscaría encuentros.
Si yo fuera un virus, no querrías conocerme,
te cambiarías de acera,
apagarías el móvil,
viviría en un tubo de ensayo,
sin ventanas,
sin vistas,
sin ventilación,
bajo cero.
Si yo fuera un virus, me tendrías en cuenta,
habitaría en tus sueños,
no elegiría tu ropa,
ni contaría los besos que no das,
compraría armarios sin fondo,
chicles sin azúcar,
pan de besos.
Si yo fuera un virus, cocinaría para ti
las cosas que te gustan,
dejaría para ayer lo que pude hacer hoy,
coleccionaría agujas ciegas,
trajes sin forro,
telas de seda arrepentida.
Si yo fuera un virus, prometería no dejar pelis a medias,
ni ropa por el suelo,

ni senderos esbozados,
ni empezar nada
que no pudiera acabar.

QUIÉN TUVIERA UN PERRO

Quién tuviera un perro que me sacara a pasear,
que me dejara lamer sus manos,
que me mirase con arrobo.
Quién tuviera un perro que recogiera lo que expulso,
que me diera de comer, que vigilara mi sueño.
Quién tuviera un perro que me vacunara
contra la rabia,
el odio
y la soledad.
Quién tuviera un perro para ver la vida desde su altura,
para no tropezar,
para no caer.
Quién tuviera un perro que eligiera la ropa que me pongo,
cuándo toca baño,
salir a la calle sin gafas de sol.
Quién tuviera un perro que suda por la lengua
y brilla por los ojos.
Quién tuviera un perro,
un parque,
un atajo,
un abrigo,
un sentido,
un colofón.

Unos labios pintados

Unos labios pintados son una bandera,
la última frontera,
la tristeza maquillada,
una cremallera.
Unos labios pintados son una trinchera
con hambre atrasada,
el mensaje en la pared,
un duelo al sol,
la pasión entre las sombras,
una cama deshecha,
un amor en ciernes,
una almohada que suspira.
Unos labios pintados son la línea de meta,
el principio de todo,
el final de los principios,
un «the end» sin hache intercalada.
Unos labios pintados son una película muda,
un zootropo iluminado,
un carrusel acelerado,
un Titanic reflotado.
Unos labios pintados son una risa en el barrio,
una bestia apaciguada,
una promesa cumplida.

EN MITAD DE NINGÚN SITIO

En mitad de ningún sitio
hay un lugar que no tiene nombre,
que visitas cada día,
que no tiene fronteras,
que ignora los censos,
que no sabe de muros,
que conoce tus sueños.
En mitad de ningún sitio
no hay nadie que te gobierne,
ni ofrendas,
ni ofensas,
ni cánceres fulminantes,
ni memorias muertas,
ni bengalas,
ni ochomiles,
ni esquelas,
ni sombras.
En mitad de ningún sitio
siempre hay flores frescas,
lápidas limpias,
epitafios brillantes,
frases ocurrentes.
En mitad de ningún sitio
aguarda tu oasis,
tu pareja perfecta,
tu monte de venus,
tu cierre de ciclo.

En mitad de ningún sitio
vienen a verte,
te sudan las manos,
te visten con traje,
se ríen de tu suerte.
En mitad de ningún sitio
caen chuzos de punta,
te ciega un sol radiante,
te saludan los abismos,
te llaman las cumbres.
En mitad de ningún sitio
donde las dan las toman,
donde toman no dan,
donde pegan no avisan,
donde avisan ya es tarde.
En mitad de ningún sitio
se cierran las puertas,
se abren las simas,
se vacían los fondos,
se despide a la gente,
se caen los techos,
se cuadran las cuentas.

LA SANGRE DE LOS ÁRBOLES

La sangre de los árboles es verde y rauda,
llora por dentro
y busca acomodo en las raíces en invierno.
Suda si la cortas,
bebe si la obligas,
canta si hace sol.
La sangre de los árboles
no distingue de tamaños,
ni de especies,
ni orientaciones.
No precisa transfusiones,
ni recuento de plaquetas,
ni consejos sanitarios.
Huye de modas y subterfugios
y habla siempre el mismo idioma.
No respeta al frío por temor,
sino por convicción
y espera los días largos con sus noches cortas.
La sabia asoma a veces,
aunque sabe que se muere en contacto con el aire,
y se abraza a sus heridas,
como la piel a sus poros,
como el llanto a las pupilas,
y la risa a las comisuras de las bocas.
La sangre de los árboles siente las pisadas de los pájaros
y arrulla su sueño por las noches,

y se viste con telas desechadas
por arañas tristes,
y besa las cicatrices
con el arrobo insobornable de los vegetales,
que no precisan de contratos,
ni de acuerdos,
que esperan las estaciones con la paciencia de las aceras
y el estoicismo de las campanas,
que aguardan los finales felices,
para volver a sentirse deseadas.

ALGUIEN DIJO ALGUNA VEZ

Alguien dijo alguna vez
que hagas lo que hagas la vas a cagar,
que por mucho que nades,
morirás en la orilla,
más cansado,
tan hinchado como todos,
sin brillo en los ojos,
y formarás parte de un naufragio,
del tuyo,
del de alguien,
del de cualquier barco
que un día se encontró un trozo de hielo,
que no pudo esquivar.
Alguien dijo alguna vez,
fracasa otra vez,
fracasa mejor
y fracasarás de nuevo,
pero no habrá diferencias,
porque Beckett sabía escribir,
pero sobre todo sabía perder,
como tú,
como yo,
como aquel que lo niega,
condenado a galeras,
porque no nos queda otra,
y todo son palabras huecas,

que alguien leerá,
o no,
que tampoco importa tanto,
si conoces el motivo.
Alguien dijo alguna vez
que si la sigues la consigues,
pero nunca consiguió nada de lo que quería,
aunque se engañara por un tiempo,
porque todo está vendido de antemano
y otros ponen el precio,
y no lo puedes pagar.
Alguien dijo alguna vez
que quien siembra recoge,
pero no contó con las tormentas,
ni el deshielo,
ni el patrón,
ni las tempestades,
ni el desánimo,
ni la inflación,
ni los intermediarios,
ni las noticias falsas,
ni hacienda,
ni los telediarios.
Alguien dijo alguna vez
que las cosas mañana irían mejor
y tal vez lo fueron por un tiempo,
pero todo es un espejismo,
una quimera, una ilusión,
y el suelo tiene memoria
y el molde de tu cuerpo.

Alguien dijo alguna vez
nunca te acostarás sin saber una cosa más,
y nunca aprendió nada
y fue pelota atada a un cabo,
ludópata ilusionado,
bola de bolos,
imán sin voluntad,
un porfiado.
Alguien dijo alguna vez que todo es mentira
y en eso llevaba razón,
y alguien se la quitó,
y volvió a empezar,
y en eso estamos,
con el marcador a cero.

LA VIDA DETENIDA

Es la casa llena, el alma vacía,
la nevera abarrotada, la despensa acongojada,
el miedo afuera, las aceras vacías,
las noticias de la muerte, las ausencias repetidas,
un marcador despiadado, un homenaje acordado,
la respiración agotada, el enemigo invisible,
la agonía no pactada.
La vida detenida es el miedo compartido,
el botón de la pausa, la consecuencia,
esperar hasta tarde, saber de mi destierro,
de tu tierra prometida.
La vida detenida es quedarse en casa.
Tres palabras, catorce letras,
dos espacios, una condena.

LA RISA

La risa es un arroyo cristalino
en mitad de un mar de sargazos,
es el cosquilleo del alma,
un disparo en el pie de la tristeza.
La risa es una anomalía de la pena,
la consecuencia de la pausa,
un reloj sin prisa.
La risa es una palabra esdrújula con tres acentos,
que aguarda agazapada entre la brisa
y se asoma a la ventana de mi boca.
La risa es una gota de rocío,
suspendida en el arco de tu frente.
La risa es una alteración del diafragma de la vida,
el hipo de los insumisos,
la tos de los sanos.
La risa es una lluvia suave,
que inunda paisajes receptivos,
que hace florecer los campos yermos,
y acuna el duermevela de las amapolas.
La risa se conforma con muy poco,
por eso siempre está de buen humor
y habita en los iris de los ojos.
La risa no maldice su suerte,
ni grita en los desfiladeros,
porque no necesita un eco que la alargue.

La risa es un caballo sin silla,
una mesa sin tapete,
un verso libre.
La risa se ríe de su sombra
y duerme al raso,
y cuenta estrellas con los dedos.
La risa es lo que sueñan los barcos atracados,
lo que esperan las orillas,
lo que anhelan los peldaños.
La risa es un beso encadenado,
un atajo encontrado,
las ganas de perderse.
La risa es el premio gordo
en el sorteo de la vida.

AL OTRO LADO

Hay una persona detrás de esa máscara,
que no sabe lo que piensas,
ni imagina lo que sabes,
que transita por tu vida,
huyendo de la suya.
Nos reconoceremos por los ojos,
y los sordos se quedarán huérfanos
de lecturas en los labios,
y tu voz no será tu voz,
ni tu aliento tu aliado.
Dos metros serán abismos,
las cacerolas un arma,
las banderas mortajas,
las voces cañonazos,
los portales trincheras,
las casas ataúdes,
las moscas mensajeras,
las distancias años luz.
Cambiarán las medidas,
los pesos,
los suburbios,
las esquinas,
los incendios,
las ventas,
los tugurios,
las deudas,
las postales.

Se multiplicarán las pantallas,
para poder vernos todos,
se atrofiarán los sentidos,
se gritarán consignas estúpidas,
se formarán columnas,
se formatearán voluntades,
se crisparán los tedios,
y entre tanta muchedumbre
no podremos ver el bosque,
que ya es un barranco desfondado,
víctima de tantas ansias,
que te llevará de vuelta al principio,
sin talones,
ni Aquiles,
en puntas de pie,
con puntas sin flecha,
con cupidos borrachos,
amorcillos anoréxicos,
botellas vacías,
sin gollete declarado,
sin pasaporte,
sin credenciales,
ni código de barras,
y al otro lado no te esperará nadie
que no te haya esperado antes,
y cuando abras los ojos,
seguirá allí el dinosaurio,
como dijo Monterroso,
que siguió creyendo que estaba vivo,

corriendo por las venas de un motor,
que no sabe de extinciones,
ni etiquetas,
ni almendras,
ni restricciones.
No te canses de ser tú mismo,
porque cuando te rindas,
alguien ocupará tu lugar,
y pondrá sus reglas,
y pasarás a la historia,
que es otra forma de morir,
sin lápida,
ni epitafio,
ni condiciones.

LA DISTANCIA

La distancia es un beso en diferido,
un acuerdo trasnochado,
una promesa incumplida.
La distancia es la muerte en vida,
un abrazo trastocado,
el ósculo inverso.
La distancia es la carne desbocada,
la deuda pendiente,
un jinete sin montura,
una silla sin jinete,
una boca sin dientes.
La distancia es la firma del notario,
la casa por la ventana,
la herencia no deseada,
la muerte anunciada,
la isla sin cocina,
la cocina sin náufrago,
el náufrago sin botella,
la botella sin mensaje,
el mensaje no enviado,
el acuse sin recibo.
La distancia es la suma equivocada,
el cero a la izquierda,
la brújula desnortada,
el imán rechazado,
el fondo sin pozo.

La distancia es la medida entre dos ciudades,
huérfanas de habitantes,
plagadas de ausencias
que gritan sus nombres.
La distancia es aquello que si se nombra, se agiganta
y si se ignora, te mata,
la que habita entre las grietas del alma,
la que conoce tus sueños
y te susurra al oído confidencias,
la que te dice te quiero,
la que te pone los cuernos,
la que marca las pautas,
la verdad muda,
que dicta tu insomnio.

GRIS SOBRE FONDO BLANCO

Busco nuevos paisajes
que nunca me canse de mirar,
pero no encuentro en mi paleta
más que grises y blancos.
Por eso sólo pinto cielos encapotados,
cirros, cúmulos, estratos
y nubes preñadas de agua,
buscando dónde descargar,
que acaban anegando cultivos
e inundando garajes.
Busco cielos claros,
pero no encuentro los azules que preciso,
y me sobra voluntad,
pero me falta pericia.
He puesto un anuncio
y me han llovido las ofertas,
pero siguen siendo en gris o blanco,
y no hay paraguas que valgan,
ni capucha que me cubra.

Uno de estos días

Uno de estos días te despertarás
y saldrás a la calle sin tener que mirar la hora,
y te parecerá extraño,
y mirarás a tu vecino,
y también lo será,
y te sentirás incómodo,
y no le saludarás por vergüenza,
porque ya es otra persona
como tú,
como aquel,
como el de enfrente.
Uno de estos días
volverás a tu trabajo
y a tu gimnasio,
y a tu parque,
y a tu siempre,
y nunca nada volverá a ser lo mismo.
Un día de estos te volverán a abrazar,
y un beso no será una ofensa,
ni un guiño una amenaza,
ni un contacto un conato de guerra,
ni una mirada una frontera.
Uno de estos días recuperarás tu nombre,
y no serás un número en un sorteo,
ni una estadística,
ni una escala,

ni un sondeo.
Un día cualquiera será otro día
ni más largo, ni mejor,
sólo otro día,
y la parca llorará en su esquina
fuera de su escena,
condenada otra vez a su lugar cotidiano,
y los palacios seguirán siendo de hielo,
y las distancias no serán abismos,
ni las esquelas literatura,
ni un estornudo un bombardeo,
ni una tos un aquelarre,
y los tanatorios tendrán su duelo.
Uno de estos días
un epi volverá a ser un muñeco,
un sanitario un currante,
una mascarilla un velo,
un guante un complemento.
Un día de estos
conjugaremos otra vez el verbo vivir,
beberemos de las fuentes,
conquistaremos murallas,
estrecharemos manos,
pechos, cinturas;
besaremos suelos,
mejillas, bocas,
sin temor a los contagios,
sin clamores estridentes,
sin veladas delaciones,

sin tambores en la selva,
sin drásticas decisiones.
Un día de estos
saldrá otra vez el sol
y será el de todos,
el de nadie, el de siempre.
Uno de estos días se acabarán los mensajes,
y tendremos que encontrarnos,
y no será otro día,
solo diferente.

LOS SUEÑOS

Los sueños son la amalgama de la vida,
la perífrasis de los sentidos,
el descanso de las musas,
la cápsula del café,
la crisálida del gusano,
la metamorfosis del alma.
Los sueños son el lugar posible,
el viaje inesperado
el grafiti en la pared.
Los sueños son un tío vivo en el desierto,
una nube a régimen,
un pozo de té helado.
Los sueños no tienen dueño,
ni abogado,
ni delirios,
ni saben de calendarios.
Los sueños duermen abrazados
y se besan al alba
como los amantes,
como las aves,
como el agua de los charcos.
Los sueños odian el olvido
y desprecian su memoria,
y visten de prestado
los ropajes del insomnio.
Los sueños caben en la mano de un bebe,

en la cáscara de un huevo,
en un átomo dormido,
en el hueco de tu ombligo.

EL MUNDO QUE VENDRÁ

Mañana sin ir más lejos,
por la mañana o por la tarde,
o a la ahora de las brujas,
o tal vez hoy mismo,
viviremos en nuestra propia cápsula,
sumergidos en nuestras vanidades,
sin más aire que un suspiro,
sin más alma que un acorde perdido,
sin destino conocido,
sin vacuna para todo,
con cura para nada.
En un futuro se hablará de nosotros,
pero habrá otros que se parecerán mucho,
con sus caras lavadas y sus mochilas a cuestas,
con sus pantalones vaqueros de marca,
con sus vestidos de flores,
con sus escafandras.
Mañana a esta misma hora puede que empiece todo,
o que acabe de repente,
que se amotinen los dedos alérgicos al látex,
las bocas tapadas,
las aceras otra vez pisoteadas,
los parques sitiados.
El mes que viene, o tras las navidades,
vendrán los reyes enfundados en sus epis,
con camellos jorobados,

con regalos para unos,
con carbón para el resto,
con las cartas confundidas,
con el alma anonadada,
siguiendo una estrella
que también es un cometa,
que escapó del hilo tenso,
que sujetaba el destino,
que anhelaba su meta,
que ahora anda perdido,
sin su niño al otro lado.
El mundo que vendrá no será nuevo,
ya lo habrán vivido antes,
gentes que olvidaron su pasado
y que lo estrenan ahora,
como un domingo de ramos,
con las palmas gastadas,
con la vista atribulada,
sin la ramita de olivo.

EL COMPROMISO

El compromiso da miedo,
por eso le pusieron ese nombre;
se agarra a los bordes de la cama,
rehúye los armarios,
se sabe los límites de tu alma,
te reta cada día,
te amenaza,
te recuerda tus complejos,
se bate en duelo y nunca pierde.
El compromiso se ríe en tu puta cara,
te llama cobarde,
te acalambra las manos,
te engorda las arterias,
convoca elecciones sin permiso,
viste de gala,
tiene la voz ronca,
el corazón roto,
no admite demoras,
ni comparte asiento.
El compromiso vive solo,
hace vida de soltero,
no recoge los platos de la cena,
sirve el desayuno frío,
no tira de la cadena,
no paga las facturas,
no cotiza en bolsa,
no hace prisioneros.

El compromiso no se toma en serio,
porque todo le hace gracia,
no se siente la sombra,
porque no la tiene,
y se hermana con la parte oculta de la luna.
El compromiso una vez tuvo una amante,
pero la dejó marchar,
porque no era su tipo,
porque no besaba bien,
porque le pidió lealtad
y un sueldo acorde.
El compromiso se aburre a cada poco,
juega con el mando de la tele,
no tiene paciencia,
ni la quiere,
gana a los puntos,
le vale el empate,
hace trampas cuando puede,
falsifica notas,
altera balances,
juega con blancas,
acepta tablas.
El compromiso confiesa si le aprietas,
engaña si le dejas,
suda si va deprisa,
no se ata los cordones,
no te mira a los ojos
y si promete,
miente.

DESESCALADA

Voy a abrir una ferretería,
para vender cacerolas,
y hacer mi agosto en mayo,
que el verano queda lejos de esta esquina.
Voy a confeccionar banderas de saldo,
para que la gente se amortaje
en su palacio de hielo,
al son de palabras vacías,
dichas a auditorios huecos,
convocados por mentes enfermas.
¿Qué nos pasó en las manos
que ya no suenan como antes,
si es que suenan?
¿Quién mendiga en una cola,
si no es por comida,
aliento,
un ósculo,
un desempleo?
Voy a elaborar un oráculo,
para saber el futuro,
recordar el pasado
y hacerlo igual de mal que siempre,
porque esa es mi costumbre.
Voy a ser el vecino de alguien
que me apetece hoy,
que olvidaré mañana.

¿De qué vale la experiencia,
si todo es la misma película,
vista tantas veces,
que no consigo recordarla?
Voy a conseguir una orden de alejamiento
de mí mismo,
para sentirme seguro,
y una casa grande,
donde no encontrarme.
Voy a bajar de ningún sitio,
para volver a empezar,
en mi nueva fase,
sin saber lo que soy, ni que me importe.
Voy a teñir de blanco los crespones,
a imponer cuarentenas a los violentos,
a bajar a mi manera,
porque sufro de vértigos.

Índice

Cancerbero enamorado...11

Ese señor que vive conmigo...13

La casa boca abajo..14

Los domingos..15

Miedo...18

Braille..21

Cuarentena atenuada...23

Entre bambalinas..27

Caza furtiva...28

La desmemoria... 30

A las ocho en punto..32

Desde mi ventana...35

Arte..37

Big Bang..39

Hechizo... 41

La frialdad...42

El cristal con que me miras..45

Desagradecidos..47

Primavera arrepentida...49

Tengo...51

La vida a mis pies...52

Me faltan..54

Rara vez...57

Sirenas de agua dulce..60

Si yo fuera un virus..62

Quién tuviera un perro..66
Unos labios pintados..67
En mitad de ningún sitio......................................68
La sangre de los árboles......................................70
Alguien dijo alguna vez.......................................72
La vida detenida..75
La risa...76
Al otro lado..78
La distancia..81
Gris sobre fondo blanco.......................................83
Uno de estos días...84
Los sueños..87
El mundo que vendrá...89
El compromiso...91
Desescalada...93